RÉPONSE

AU MONITEUR,

AU SUJET

DE LA DETTE PUBLIQUE.

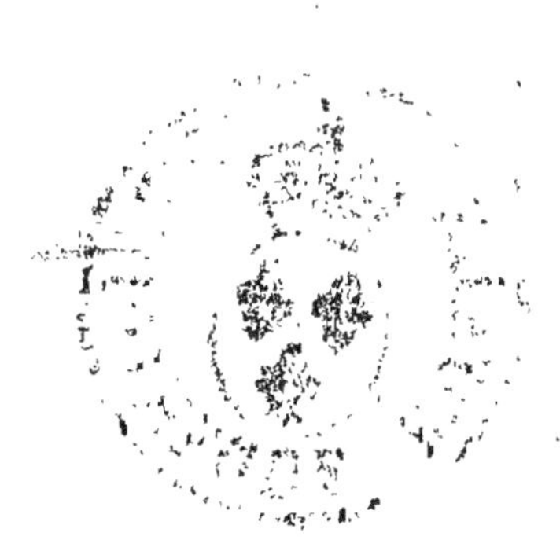

REPONSE
AU MONITEUR,

AU SUJET.

DE LA DETTE PUBLIQUE.

Le ministère, dans son manifeste, publié dans le *Moniteur*, s'étend avec complaisance sur le bénéfice considérable que le Trésor retirera du remboursement de la dette publique ou de la réduction de l'intérêt; il aurait pu se dispenser d'entrer dans de si grands détails à ce sujet; la moindre dose de bon sens suffit pour démontrer qu'un débiteur s'enrichit toujours en ne payant pas ce qu'il doit. Vainement objectera-t-on que, dans cette occasion, le ministère offre à son créancier l'option du remboursement intégral. La preuve que le ministère n'est pas sincère, c'est qu'il n'ignore pas que si tous les créanciers de l'État le prenaient au mot, la France et l'Europe entière ne pourraient fournir le capital remboursable; il faut donc compter sur la position désespérée d'une foule considérable de petits rentiers, auxquels la modicité de leurs ressources, l'âge, la stagnation du commerce, les énormes tributs imposés sur les acquisitions d'immeubles, la nullité des produits agricoles, interdisent tout autre remploi de leurs capitaux, sous peine de tomber dans une affreuse détresse : ces infortunés préféreront encore supporter la réduction de leurs revenus que de recevoir un capital dont ils ne sauraient que faire; beaucoup d'entre eux ont déjà souffert, dans l'origine, la banqueroute des deux tiers de leurs créances; ils sont forcément résignés à celle dont on les menace aujourd'hui : ce fait est notoire; cette conviction est l'arrière-pensée du système, et, par un funeste contraste, on croit pouvoir fonder la richesse et la sûreté de l'État sur la ruine de la classe la plus nombreuse et la plus intéressante de ses créanciers. Les antécédents qui ont précédé l'annonce de cette mesure, en font ressortir davantage les dangers. Le ministère, par toutes ses démarches, par l'assurance publique qu'il donna, il y trois ans, que la rente serait au pair avant peu, a poussé tous les sujets du Roi vers le jeu des effets publics. La Bourse de Paris est devenue un vaste abîme où, de tous les points du royaume, on a vu accourir le riche et le pauvre, apportant des capitaux qui auraient pu vivifier le commerce, l'agriculture et l'industrie. On fit plus, afin de mettre les spéculations sur la Bourse à la portée de tout le monde, une loi permit d'acheter pour 10 francs de rentes; cette nouvelle faculté donna lieu à l'établissement d'une quantité de caisses d'épargne et de prévoyance, de tontines, d'associations, toutes autorisées par le Roi, et dans lesquelles l'ouvrier, le pauvre, vinrent déposer le produit de leur travail. Ces sociétés seront-elles dans la classe des exceptions? cela n'améliore pas leur sort, car, dans les unes, les produits bénéficiaires se réglaient sur le cours plus ou moins élevé de la rente, et même sur des opérations de change; dans les autres, ils étaient basés sur le système des extinctions : en supposant qu'on ne les rembourse pas, et que l'on continue à les payer sur le taux de cinq pour cent, voilà leurs opérations arrêtées : leurs rentes n'étant plus négociables, les administrateurs ne seront plus que les détenteurs d'une rente et d'un capital immobiles, et les chances des bénéfices progressifs dont ils auront flatté leurs actionnaires deviendront nulles. Je ne parle pas des compagnies d'assurance, des entreprises sociales de toute espèce dont le capital consiste en rentes. Si on les rembourse, le but de leur établissement et les moyens d'en remplir les conditions tombent dans une étrange confusion; si, comme le mani-

feste du ministère le fait soupçonner, on immo-
bilise ces sortes de rentes, la liquidation de ces
compagnies devient impossible, ou du moins
leurs actionnaires perdent l'espoir de réaliser les
capitaux du fond social ; enfin , si ces compagnies
sont réduites à accepter les conditions du quatre
pour cent , elles souffriront un énorme déficit.

On espère qu'une grande partie des capitalistes
accepteront le remboursement, feront des rem-
plois en immeubles, et déjà l'on calcule que la
Régie des domaines aura d'immenses recettes ;
mais cette espérance même decèle une injuste
avidité ; le rentier remboursé perdra d'abord sur
son capital, converti en immeubles, sept et demi
pour cent que lui enlèvera la Régie des domaines ;
ensuite, avant de mettre son créancier dans l'alternative d'un remploi aussi onéreux, il eût été
juste et digne d'un gouvernement paternel de
rendre cette nouvelle condition plus avantageuse.
Dans le plus grand nombre de nos départements,
le propriétaire végète misérablement sur son
bien ; les revenus nets de ses champs sont presque
nuls ; beaucoup d'entre eux payaient leurs impôts,
pourvoyaient à l'éducation de leurs enfants, et
acquittaient toutes les dépenses qui nécessitent de
l'argent comptant, avec quelques-unes de ces
rentes qu'ils se réservaient comme une ressource

et dont vous allez les priver. Ce n'est point pour l'autorité que vous rejetterez sur l'agriculture et l'industrie les capitaux que vous avez amenés vous-mêmes dans les fonds publics. Adoucissez le fléau de la fiscalité, que les produits de notre agriculture et de notre industrie ne trouvent plus sur nos frontières les prohibitions ou les droits exorbitants qui les font refluer dans l'intérieur, où ils restent sans valeur, et alors l'agriculture prospèrera. Si de sages négociations avec les étrangers et moins de fiscalité de votre part avaient déjà établi cet heureux état de choses, la rente serait restée à son véritable prix, c'est-à-dire entre soixante-dix et quatre-vingt; l'agiotage de Paris n'aurait pas ruiné les provinces; l'amortissement de la dette publique eût été facile, et enfin l'on n'aurait pas vu des ministres se faire illusion au point de comparer un pays essentiellement agricole comme la France, avec l'Angleterre, envier à ce dernier royaume la hausse immodérée des valeurs fictives, et proclamer que là, comme en France, le prix exagéré de ces valeurs est un signe évident de prospérité ! C'est une erreur des plus funestes; mais il n'entre pas dans mon sujet de l'examiner.

On a dit : mais les créanciers que je soumets à la réduction d'un cinquième sur leur revenu (et il est positif que la plupart se résignera à cette condition), n'ont guère le droit de se plaindre; il en est des milliers qui ont acheté leurs rentes à des taux fort bas, et qui ont fait ainsi d'énormes bénéfices. Ce raisonnement, qui n'est bon, tout au plus, qu'à tranquilliser la conscience d'un casuiste, est un sophisme en droit comme en morale. Rapportons-nous à l'origine des rentes : j'ai acheté un contrat de rente *cinq pour cent consolidés;* tel est mon marché, et, d'après le droit commun, je suis substitué à tous les titres de mon vendeur ; il ne dépendait pas de mon fait que la rente fût ou ne fût pas, à l'époque de mon acquisition, à son véritable taux; sa dépréciation dépendait plutôt du Gouvernement ou des circonstances dans lesquels il se trouvait placé. En achetant sa rente, je lui ai donné une grande preuve de confiance; il est juste que j'en recueille les fruits; il en est de même des emprunts que le Gouvernement a faits au taux de 88 francs pour 100 francs; il n'était pas plus au pouvoir de l'acquéreur de rente que du prêteur d'élever le crédit du Gouvernement; leurs démarches tendaient néanmoins à ce but; leur contrat originel est encore dans toute sa force; il serait ridicule de décliner l'autorité d'un contrat en m'opposant la mesure plus ou moins grande de confiance que j'étais dans la nécessité d'accorder à mon co-traitant. Observons d'ailleurs qu'ici la créance du rentier de l'État a toujours consisté plutôt dans le revenu que dans le capital, toujours variable; tel créancier que l'on juge aujourd'hui trop heureux d'être remboursé ou réduit parce qu'il a acheté sa rente à 50 ou à 60, pouvait, par mille événements, qui auraient amené et maintenu une baisse constante, se voir condamné à ne jamais rentrer dans son capital : il a couru cette chance; son revenu était réellement l'objet spécial de sa créance et des engagements de l'État; les certificats mêmes d'inscriptions n'expriment d'autre valeur que ce revenu; le réduire, mettre le créancier dans la nécessité de souffrir cette réduction, est donc une violation manifeste de la loi publique.

Il est important de remarquer, et qui oserait contester ce principe? qu'un Gouvernement, monarchique surtout, n'est point dans la classe d'un administrateur ordinaire, qui peut borner ses devoirs et la répartition de la justice à l'exécution exacte et sévère des règles légales. Le Gouvernement monarchique est l'emblême et tire son origine de l'autorité paternelle; il en assure les devoirs, il devrait en éprouver les sollicitudes. Le Gouvernement est donc déjà, sous ce rapport

moral, hors du droit commun. Puisque le ministère ne se considère que comme un administrateur purement fiscal, il faut prouver qu'il ne
gagnerait rien à abjurer les sentiments d'un père
de famille, et c'est aussi sur ce nouveau terrain
où il a voulu descendre, que nous allons l'atta-
quer.

Le ministère, pour colorer son opération, s'est
étayé d'arguments qui n'en imposent à personne ;
il invoque le droit commun, le Code civil. Rien
de tout cela ne lui est applicable, et nous le
combattrons par le Code civil même. Le Code est
destiné à régler les intérêts entre particuliers, et
même entre ces derniers et le Gouvernement,
lorsque l'un ne peut opposer à l'autre des lois
d'exception qui l'exemptent ou le soumettent, à sa
volonté, au droit commun. Le ministère méconn-
aît aujourd'hui l'autorité de la loi qui a constitué
la dette publique ; il est hors de doute que cette
dette a été établie perpétuelle, et que c'est
sur ce pied que tous les emprunts, toutes les
constitutions de rentes, ont été formés entre
l'État et ses créanciers. C'est dans cette confiance
qu'une foule de Français, n'ayant d'autre but
que de se créer des revenus, ont acheté des
rentes ou ont prêté au Gouvernement ; c'est
d'après cette opinion, basée sur l'autorité sa-

crée des lois, que l'État ne délivrait en échange des capitaux qu'on lui prêtait, ou que l'on portait sur les fonds publics, que des contrats obligatoires pour le revenu seulement, sans aucune mention du capital primitif ou prêté. Ces transactions ont eu lieu avant et après le Code civil, et il était solennellement convenu entre l'État et ses créanciers, que la dette pulique, reconnue et constituée par une loi particulière qui la déclarait perpétuelle et consolidée, était sous un régime d'exception et parfaitement indépendant du droit commun. Le ministère cependant s'appuie sur le Code civil pour justifier son opération, et il cite l'article 1911, pour nous commander l'obéissance. « La rente constituée en per-
» pétuel, dit cet article, est essentiellement rache-
table.» Mais poursuivons : l'article 1912 s'exprime ainsi : « Le débiteur d'une rente constituée en
» perpétuel peut être contraint au rachat : 1° s'il
» cesse de remplir ses obligations pendant deux
» années; 2° s'il manque à fournir au prêteur les
» sûretés promises par le contrat. » Art. 1913. « Le
» capital de la rente constituée en perpétuel,
» devient aussi exigible, en cas de faillite ou
» de déconfiture du débiteur. » Je suppose qu'à l'époque où la rente était à 50 fr., un créancier de l'État se fût avisé d'examiner son titre et la

situation des choses, et qu'il se fût imaginé que l'article 1913 impliquait l'obligation au débiteur de fournir des sûretés, faute desquelles il était dans le cas du remboursement exigible : si ce créancier, voyant que son certificat ne mentionnait aucune garantie spéciale ; si dans plusieurs circonstances malheureuses, il avait cru qu'un État attaqué et envahi par toute l'Europe, et qui devait près de 4 milliards, était par cela seul en faillite ou en déconfiture, et s'il avait demandé le remboursement de sa créance, on n'aurait pas même voulu l'admettre à prouver que l'État se trouvait dans le cas prévu par l'article 1913 ; une simple lettre ministérielle aurait décidé que les cinq pour cent consolidés étaient une dette perpétuelle non remboursable. Ainsi le Code civil est pour vous une arme à deux tranchants ; vous avez décliné et reconnu son autorité selon vos besoins. Donc vous ne pouvez pas l'invoquer, car la loi est une règle commune et non un privilége ; du moment où l'un des contractants ne peut se servir envers l'autre de l'autorité du droit commun, il est démontré que la transaction est sous l'empire d'un régime d'exception, et nous allons voir que ce régime est de l'ordre le plus relevé.

Il est évident qu'en 1814, la dette publique

était reconnue perpétuelle par la loi, par l'Etat, et par les rentiers: et si l'on conteste ce principe, l'intérêt à cinq pour cent était au moins consolidé. La Charte constitutionnelle, titre *droits particuliers garantis par l'État*, s'exprime ainsi : article 70. « La dette publique est garantie ; *toute* » *espèce* d'engagement pris par l'État avec ses créanciers est inviolable. » Remarquons que tout ce qui précède est relatif à des immunités ou à des institutions de droit public. Le législateur, en s'occupant *des droits particuliers*, a exprimé d'une manière précise, sa volonté souveraine de mettre les droits particuliers sous une garantie toute spéciale; il les exempte, par ce seul acte, de l'empire du droit commun ; et pour les y faire rentrer, il faudrait que la loi qui proclamera cette innovation, décidât que l'art. 70 de la Charte est abrogé ; la seule démarche de proposer à un créancier de l'État de laisser diminuer son revenu d'un cinquième, constitue donc, si ce marché onéreux est accepté ou rejetté, une violation grave de la Charte ; que sera-ce si, comme on peut l'assurer, la classe la plus nombreuse et la moins fortunée des rentiers est dans la position forcée de souffrir cette réduction ; car je l'ai déjà dit, sans cette chance bien prévue, l'opération du remboursement est une chimère.

Dira-t-on que l'article 70 de la Charte est réglementaire ? En viendra-t-on jusqu'à ce paradoxe ? C'est ce qui n'est pas même présumable ; et il reste démontré que toutes les allégations du ministère viennent échouer contre la Charte, comme elles sont déjà tombées, même, devant l'autorité du droit commun.

Toutes les conséquences d'un principe vicieux ne pouvant être que fausses, le ministère, tout en basant son système sur l'autorité du droit commun, se voit forcé, dans la mesure qu'il médite, de faire de nombreuses exceptions à ce même droit : si d'un côté il met des milliers de malheureux dans la cruelle alternative de recevoir un capital sur lequel ils ne peuvent que perdre, ou de supporter une réduction dans leurs revenus ; il exempte de cette option désespérante des corporations, des fabriques, des tontines, etc. Mais les titres de ces corporations ou des actionnaires de ces sociétés sont-ils d'une autre nature que ceux des pauvres rentiers ? N'ont-ils pas tous la même origine, les mêmes garanties ? Ainsi, après avoir invoqué ou méconnu, selon votre convenance, le Code civil, le droit commun, la Charte, après avoir décliné la seule autorité qui formait votre crédit, la loi qui a constitué la dette publique et perpétuelle, vous établissez une classe de privilégiés ; vous accablez les uns de vos mesures fiscales, vous en garantissez les autres, si toutefois, après de telles mesnres, il pourra encore exister quelques garanties entre le particulier et l'État. Votre opération porte donc tous les caractères d'un contrat léonin, également repoussé par la morale et la justice.

Le ministère nous menace de la création d'une nouvelle dette à 3 pour %. Cette rente doit-être cotée dès l'origine à 75, à ce taux elle équivaudrai à 4 pour % d'intérêt, chacun doit s'empresser d'en prendre à ce prix ; je n'examinerai pas les variations que peut subir cette valeur, il est facile de sentir combien la condition des créanciers, transportés de l'ancienne rente sur la nouvelle, sera déplorable si cette dernière éprouve de fortes baisses et la perte énorme qu'ils auraient à supporter si une circonstance quelconque les forçait à réaliser ; je ne m'arrêterai qu'au moyen singulier que le ministère prétend employer pour rassurer ses créanciers contre un remboursement ou une réduction. Observons en passant que ces précautions sont la plus forte preuve que le ministère est conscieusement convaincu que la dette n'était ni remboursable, ni réductible, qu'il sent bien que son opération est onéreuse à ses créanciers et contraire au droit public; il est donc obligé de prier qu'on lui passe cette fois seulement, une pareille mesure, promettant de ne pas récidiver. Que fait il pour nous rassurer, il élevé d'un tiers le capital de la dette c'est-àdire, qu'il reconnaîtra au créancier inscrit publique pour 100,000 francs, un capital de 133,333 fr.; si le ministère n'avouait par lui-même ce ridicule système, personne n'aurait l'idée de le lui imputer. On demandera, s'il est permis aux ministres de proposer aux chambres de reconnaître que l'état est grevé de six milliards, tandis qu'il n'en doit que quatre; sera-t-il permis à des députés de charger leurs commettants de ce fardeau? Peuvent-ils conscieusement obliger la France à avouer qu'elle doit 133,333 fr., lorsqu'elle n'en reçoit réellement que 100,000. Les ministres, les députés, les pairs, peuvent-ils se prêter à de pareilles simulations, à des marchés aussi évidemment onéreux, dont l'effet, s'il était poussé à toutes ses conséquences, serait de ruiner l'État en l'obligeant à rembourser ce qu'il n'a pas reçu, et d'anéantir le crédit public. Mais le ministère va bientôt nous rassurer; abandonnons, à présent, le Code et le droit commun parce qu'il n'en a plus que faire, il rentre sous l'abri des lois d'exception, il va invoquer de nouveau celles qui ont constitué la dette publique et par une nouvelle métamorphose, cette dette va redevenir perpétuelle et non rachetable. Le créancier qui voudrait à son tour profiter du Code civil, pour réclamer son remboursement et gagner trente-trois pour cent sur son capital, né le pourra plus quelques choses qui surviennent, on lui objecterait comme fin de non-recevoir tous les arguments que l'on méconnait aujourd'hui. Comme la simulation du nouveau capital est flagrante, comme les ministres et les sessions sont indépendants de leurs antécédents, qui peut empêcher que dans sept où huit ans, on ne trouve que ce collosse du capital de la dette n'est qu'un fantôme; une loi le fera évanouir, et alors le ministère abandonnant encore les lois d'exception et revenant au Code civil, remboursera les trois pour cent, on en offrira la réduction à deux pour cent, de sorte que de réductions en réductions, en revenant tour à tour aux lois d'exception et au droit commun, l'État finira par se liquider. Il faut convenir que ce mode d'amortissement est facile; rien malheureusement ne peut prouver que telle n'est pas l'intention du ministère. Le gouvernement, engagé dans un cercle vicieux, perdra son crédit, fera une immense quantité de malheureux et de mécontents, et ce n'est pas le moyen de se faire aimer et respecter.

FIN

IMPRIMERIE D'HIPPOLYTE TILLIARD,
RUE DE LA HARPE, N° 78.